MESSER, SCHERE, FEUER, LICHT...

Für Joseph, Joshua, Jonathan, Johann, Marta und Lorenz

ELTERN ~~falsch~~ richtig ERZIEHEN

KATHARINA GROSSMANN-HENSEL

annette betz

Manche sagen, man würde sich seine Familie aussuchen.
Ich habe mir gar nichts ausgesucht.
Ich wurde geboren und sie waren schon da:
Meine Mama. Mein Papa.
Ich fand sie beide sehr niedlich.

Ich wurde größer und sie wurden kleiner. Meine Eltern gefielen mir etwas weniger. Sie machten einfach nicht, was ich wollte.

DADADADA.

GAHADADA!

DADADADA.
GAADAA

Also lernte ich sprechen.

NEIN
NEIN
IN
NEIN

Sie hörten mich nicht gut, obwohl ich
eine sehr laute Stimme habe.

Ich las Bücher, um mehr über Eltern zu erfahren.

Ich traf andere Kinder, die auch Eltern hatten.
Erziehung ist alles, sagten sie. Erziehung ist, wenn man an den anderen so lange zieht, bis sie zu einem passen.

Meine Eltern sollten genauso werden, wie ich sie mir vorstellte.

Anfangs gehorchten mir meine Eltern gar nicht.

Etwas braucht man für Erziehung unbedingt:
SEHR viel Geduld.

Alles musste ich ihnen erklären. TAUSENDBILLIONENMAL.

Ich stellte viele Regeln auf. Die meisten waren besonders gut für mich.

Ich war sehr streng.

Meine Eltern lernten langsam.

Ich brachte ihnen bei, sich vernünftig anzuziehen.

Ich brachte ihnen bei, wie man über die Straße geht.

Ich brachte ihnen bei, höflich zu sein.

Ich brachte ihnen bei, mich nicht zu unterbrechen.

Ich brachte ihnen bei, wie man sich bei Tisch benimmt.

Ich brachte ihnen bei, ins Bett zu gehen.

Alles musste ich wiederholen.
TAUSENDBILLIONENMAL.

Mit der Zeit wurden meine Eltern sehr, sehr brav.

Sie hatten ein bisschen Angst vor mir und machten alles, was ich wollte.

Sonntags ging ich mit meinen Eltern spazieren, um vor den anderen Kindern anzugeben. Meine Eltern waren besonders gut erzogen.

Es war ein bisschen langweilig mit ihnen.

Es wurde sehr leise in der Wohnung.
Meine Eltern waren ganz still geworden.
Sie hatten Sorge, etwas Falsches zu tun und mich zu verärgern.

Es war zu ruhig.
Etwas fehlte mir.

Ich wollte keine braven Eltern mehr.

»Genug mit der Erziehung! Werdet ihr selbst!«, befahl ich.

Aber befehlen half nicht.

Ich machte ihnen Mut und lobte sie von morgens bis abends.

Jeden Abend fragte ich sie nach ihrem Tag und jeden Tag erzählten sie mir ein bisschen mehr.

Es war mir egal, wo sie ihre Füße hatten.

Es braucht etwas anderes als Regeln, damit man sich traut, das zu sein, was man ist. Vielleicht heißt es Liebe.

Aber natürlich gibt es Leute, die das mit der Erziehung ganz anders sehen als ich. Mein kleiner Bruder zum Beispiel. Der hat gerade erst damit angefangen:

1. Auflage 2019

ISBN 978-3-219-11815-5

ISBN 978-3-219-11670-0

Umschlag- und Innenillustrationen: Katharina Grossmann-Hensel
Druck und Bindung: Grafisches Centrum Cuno, Calbe

www.annettebetz.de